QUESTION

DES

RECENSEMENS,

PAR A. C. DE PISTOYE,

Avocat à la Cour royale de Paris.

PARIS,

LIBRAIRIE ADMINISTRATIVE DE P. DUPONT ET Cie,

RUE DE GRENELLE-SAINT-HONORÉ, Nº 55, HÔTEL DES FERMES.

1841.

EXAMEN
DES RECENSEMENS

EXÉCUTÉS SOUS LES ORDRES DE MM. LES MINISTRES
DE L'INTÉRIEUR ET DES FINANCES (1).

La presse politique s'est livrée à de longues discussions sur les diverses opérations de recensement auxquelles on procède, en ce moment, dans tous les départemens de la France. Plusieurs conseils municipaux ont protesté contre ces opérations, qui ont été la cause ou le prétexte des déplorables événemens de Toulouse. Ces débats soulèvent une question de légalité qu'il importe d'examiner, et qui a été étouffée sous les préoccupations irritantes de la politique.

Avant tout, il est nécessaire de se bien fixer sur la nature des opérations dont il s'agit.

En ce moment, on procède en France :

1º Au recensement de la population;

2º Au recensement des individus qui doivent être soumis aux droits de patente, et par suite, à la révision de l'estimation des valeurs locatives qui servent de base au droit proportionnel;

3º Au recensement des individus susceptibles d'être soumis à la contribution personnelle et mobilière; à cet effet, on revise l'estimation des valeurs locatives, qui servent de base à la taxe mobilière;

4º Enfin au recensement des ouvertures sur lesquelles est assis l'impôt des portes et fenêtres.

(1) Ce travail a été, pour la plus grande partie, inséré dans la *Gazette des Tribunaux* (nos des 25, 28 juillet, 2-3 et 10 août). Mais l'abondance des matières ayant fait écarter plusieurs textes et plusieurs points de discussion, on a cru devoir les rétablir ici.

"

Nous examinerons successivement la nature et le but de chacun de ces recensemens, la forme dans laquelle ils doivent ou peuvent être faits, et quelle est leur autorité légale.

§ Iᵉʳ. — *Recensement de la population* (1).

Le recensement de la population est aujourd'hui une opération quinquennale, qui s'opère sous l'autorité du ministre de l'intérieur : d'après des instructions nouvelles, les agens des contributions indirectes y assistent dans les villes qui sont, ou qu'on présume pouvoir être soumises *aux droits d'entrée sur les boissons*.

Des instructions pour le recensement actuel ont été adressées, le 2 avril 1841, aux préfets, par M. le ministre de l'intérieur, et le 5 mai, aux agens de l'administration des contributions indirectes, par le conseiller d'état directeur de cette administration.

Ces circulaires font connaître que le ministre de l'intérieur a décidé que, par un retour aux bases précédemment admises, *le domicile de fait* serait, de nouveau, substitué *au domicile de droit*. Ainsi, les militaires sous les drapeaux qui, d'après la circulaire du 10 avril 1836, étaient recensés dans leur domicile d'origine, le seront au lieu de leur garnison; dans chaque commune, les hospices, hôpitaux civils et autres établissemens de bienfaisance, les écoles militaires, celles d'arts et métiers, les colléges royaux et communaux, les établissemens publics et particuliers d'éducation, les maisons centrales de détention et les prisons, donneront lieu à une inscription en bloc de leur population ; tandis que, dans le dernier recensement, des inscriptions individuelles étaient faites, dans les communes du *domicile de droit*, pour tous les individus qui résident dans ces établissemens.

Ces dispositions sont l'objet d'attaques diverses; elles sont attaquées en la forme et au fond.

En la forme, on se plaint de l'intervention des agens du fisc dans une opération purement civile.

Au fond, on réclame contre les bases du recensement. On ne doit pas, dit-on, confondre les populations *flottantes* et *passagères* avec la population *fixe* d'une ville; et l'on objecte que, pour soumettre une ville à l'impôt, ou pour en aggraver le fardeau, il suffirait au gouvernement d'envoyer momentanément un régiment dans cette localité.

Pour bien apprécier la valeur de ces objections, il faut rappeler le but et déterminer l'importance du recensement de la population.

Les recensemens de la population ont été regardés, chez tous les peuples, comme une mesure utile pour le gouvernement des

(1) On peut consulter avec avantage, sur cette matière, un savant article qu'a publié, dans l'*Ecole des communes* de 1839, M. Boulatignier, maître des requêtes au Conseil-d'Etat.

états; ils servent aux calculs de l'arithmétique politique; en France, ils fournissent des bases pour l'assiette de plusieurs impôts.

Ainsi, quant aux droits indirects, les villes au-dessus de quatre mille âmes, qui sont soumises aux droits d'entrées sur les boissons, sont divisées en sept clas es, et la classe la plus élevée paie le double de la dernière.

Pour l'assiette du droit fixe de patente, les communes sont aussi divisées en sept classes, mais d'après une autre échelle de graduation; le droit, d'ailleurs, varie dans des proportions très-grandes. C'est ainsi que les patentables de la première classe paient 300 fr. de droit fixe dans les villes de cent mille âmes et au-dessus, tandis que dans les villes de 5,000 âmes et au-dessous, ce droit n'est que de 40 francs.

Le recensement de la population exerce également son influence sur l'assiette de la contribution des portes et fenêtres (1); la loi, à cet égard, établit six classes de communes, et la porte de magasin qui, dans une ville au-dessous de 5,000 âmes, paie 1 franc 60 centimes, est imposée à 18 francs 80 centimes dans les villes de 100,000 âmes et au-dessus.

L'importance de nos recensemens de la population est donc grande. Cependant, bien que l'origine de ces mesures administratives remonte à la loi du 28 juin 1790, depuis lors, ni la législature, ni l'administration n'ont songé à arrêter, d'une manière fixe, les bases de ces recensemens, et le droit de les déterminer est resté dans les attributions *du pouvoir discrétionnaire* du ministre de l'intérieur. Mais, jusqu'à présent, on doit le reconnaître, aucune réclamation n'est venue contester la régularité de ce pouvoir.

Cependant, d'après les principes généraux qui régissent notre droit public et administratif, la fixation des bases à suivre dans ces recensemens devrait être arrêtée, tout au moins par un réglement d'administration publique, c'est-à-dire, par une ordonnance royale délibérée en Conseil-d'Etat. Il s'agit, en effet, d'organiser l'exécution de lois d'impôt, lois dont l'autorité de commandement doit être incontestable, et de l'exécution desquelles le soupçon d'arbitraire doit être soigneusement écarté. Peut être, dans une matière si irritante, le gouvernement devrait-il désirer et provoquer, lui-même, l'intervention du législateur? Les résistances dont nous sommes témoins, prouvent qu'il pourrait être sage de suivre ce conseil. Mais, nous le répétons, dans l'état actuel de la législation, le changement des bases du recensement

(1) Il importe de remarquer que, en matière d'impôts indirects, on ne doit considérer que la population *agglomérée* de chaque commune; tandis que, pour les contributions des patentes et des portes et fenêtres, le recensement doit comprendre la population *entière* de chaque commune, sans distinction entre la population *éparse* et la population *agglomérée*.

de la population ne peut constituer une illégalité de la part du gouvernement.

Il faut remarquer, d'ailleurs, que la base actuelle du *domicile réel*, qui remplace celle du *domicile de droit*, adoptée dans le recensement rendu officiel par l'ordonnance royale du 30 décembre 1836, avait déjà été employée dans le recensement précédent, rendu officiel par l'ordonnance du 15 mars 1827, et il ne s'était élevé alors aucune réclamation.

Les circulaires du 2 avril et du 5 mai 1841 ne font donc que remettre les choses sur le pied où elles étaient avant une circulaire émanée du ministère de l'intérieur, le 10 avril 1836.

Et nous devons le dire, parce que telle est notre conviction, si le retour à l'ancien système a le grave inconvénient de jeter de la variation dans l'assiette de l'impôt, ce système n'en est pas moins fondé en raison.

En effet, toute la population qui vit dans les établissemens publics et particuliers d'instruction, de charité, et de répression, concourt, par les dépenses qu'elle fait, au bien-être des villes où ces établissemens sont situés. Elle augmente, surtout d'une manière sensible, les revenus des octrois municipaux.

Or, l'aggravation des impôts, en considération de la plus grande agglomération de population, repose sur l'accroissement de valeurs que cette agglomération donne aux objets de consommation, aux loyers d'habitation, et sur l'activité qu'elle imprime au commerce.

Le système du *domicile de droit* était évidemment mauvais : de bonne foi, était-il logique de se reporter au lieu du domicile d'origine ou de dernière résidence, pour compter, comme consommateur, l'écolier au collége, l'étudiant près les Facultés, le vieillard recueilli dans un hospice, le militaire sous les drapeaux ? Mais, dit-on, ce n'est pas là une population fixe. — soit ; mais, si c'est une population flottante, elle se renouvelle sans cesse, et dans des proportions analogues ; les écoles publiques, les colléges, les hospices, les casernes et les prisons ne sont jamais vides ; si l'un sort, l'autre rentre, tout se compense. Et si, en définitive, cette population flottante, mais réelle, venait à être déplacée, nous établirons ultérieurement qu'alors naîtrait, pour la commune et même pour les particuliers, une action contentieuse, à l'effet de ramener les tarifs à ce qu'ils doivent être, eu égard à l'état réel de la population.

Ajoutons, enfin, qu'après avoir dit, que le recensement doit comprendre « tous les individus Français ou étrangers existant, » établis ou résidant dans chaque commune, » M. le directeur de l'administration des contributions indirectes ajoute : « Il en faut, » toutefois, excepter ceux qui n'y étant appelés que passagère- » ment, pour raison d'affaires, de voyage, de santé, pour les tra- » vaux de la moisson ou des vendanges, ou pour toute autre cause » analogue, ont ailleurs leur établissement principal, ou leur

» résiden e p'us prolongée ou plus hab tuelle, c'est dans ce der--
» nier lieu qu'ils doivent dès lors être inscrits. »

Il faut donc le reconnaître : expliquée et entendue de la sorte,
la base *du domicile réel* rentre parfaitement dans l'esprit général
de la législation; seulement, on ne peut se di-simuler que le changement est toujours fâcheux, et qu'il importerait, à la facilité du
recouvrement des impôts, que le réglement des bases du recen-
cement de la population des villes n'émanât pas d'un simple arrêté
ministériel; ce ne serait pas trop de l'intervention solennelle, sinon de la loi, au moins d'un réglement d'administration publique.

Après avoir indiqué sommairement la nature du recensement
de la population et son but, il faut examiner à quelle autorité appartient, d'après la loi, le droit de procéder à cette opération.

En 1790, l'Assemblée nationale prescrivit le recensement des
citoyens actifs, pour connaître le nombre des députés que chaque
département devait fournir à la législature. Ce recensement devait
être dressé par *les directoires de département*, remplacés aujour-
d'hui par les préfets.

Une mesure plus générale et d'un caractère permanent fut prescrite par le décret des 19-22 juillet 1791, sur l'organi-ation d'une
police municipale D'après l'article 1er du titre 1er : « Dans les
» villes et les campagnes, *les corps municipaux* devaient cons-
» tater l'état des habitans, soit par *des officiers municipaux*, soit
» par *des commissaires de police* s'il y en avait, soit par *des ci-
» toyens commis à cet effet*. Chaque année, dans le courant des
» mois de novembre et décembre, cet état devait être vérifié de
» nouveau, et ou devait y faire les changemens nécessaires. »

Un autre recensement fut prescrit par la loi du 10 vendémiaire
an IV, sur la police intérieure et la responsabilité des communes. Il devait être exécuté dans la décade de l'envoi des modèles
de rôles, sous peine par les agens municipaux d'être responsables
des délits commis, à force ouverte, sur le territoire des communes
non recensées.

Nous ne savons quel fut le résultat de ces menaces, quant à
l'exécution de la loi de vendémiaire an IV; mais il est certain que,
depuis lors jusqu'en 1822, l'autorité centrale eut beau presser et
solliciter les administrations locales, dans l'espace de vingt-sept
ans, elle ne parvint à exécuter qu'un seul recensement général de
la population de toute la France Ce recensement unique eut lieu
en 1806; il fut approuvé par l'empereur, mais non inséré au *Bulletin des Lois*. La loi du 28 avril 1816 ayant posé d'autres bases
pour l'assiette des *droits d'entrée sur les boissons*, il fallut songer
à un nouveau recensement de la population. Ce ne fut, toutefois,
qu'à la fin de 1821 que se termina cette opération, dont les résultats furent rendus exécutoires par une ordonnance royale du
16 janvier 1822, insérée au *Bulletin des Lois*.

Les difficultés qu'on avait éprouvées firent penser que, tout en prescrivant la révision annuelle du recensement de la population, ainsi que le veut la loi des 19-22 juillet 1791, il était utile de ne pas s'astreindre annuellement à une publication du recensement; l'ordonnance du 16 janvier 1822 disposa donc que le tableau de la population du royaume, qui lui était annexé, serait considéré comme seul authentique, pendant cinq ans, à compter du 1er janvier 1822. Depuis, à la date des 12 mars 1827, 11 mai 1832 et 30 décembre 1836, il intervint des ordonnances royales semblables, en sorte que la force du tableau actuel de la population expire le 31 décembre prochain. C'est ce qui rend nécessaire le recensement auquel on procède aujourd'hui.

De l'analyse de la législation, il résulte que le recensement quinquennal de la population et la révision annuelle doivent être faits, soit par des *officiers municipaux*, soit par des *commissaires de police*, soit par des *citoyens commis à cet effet*. Ce sont précisément les fonctionnaires précités qui font l'opération actuelle, seulement ils procèdent avec l'assistance des agens des *contributions indirectes*.

Cette assistance, qui n'a rien que d'utile, car elle tend à prévenir les contestations qui pourraient naître sur l'exactitude des recensemens, ne peut, on le comprend, constituer une *illégalité*, une *violation de la loi*; car si la loi des 19-22 juillet 1791 n'a pas mentionné les agens des contributions indirectes, c'est qu'alors le recensement ne servait à l'assiette d'aucun impôt, c'est qu'alors il n'existait pas même de contributions indirectes.

Pour compléter cette partie de notre examen, il ne nous reste plus qu'à rechercher si l'administration des contributions indirectes est restée dans le rôle accessoire qui lui est assigné.

Dans sa circulaire du 5 avril dernier, le conseiller d'Etat directeur de l'administration s'exprime ainsi :

« L'intervention des agens des contributions indirectes aux recensemens périodiques n'a d'autre but que d'empêcher toute omission et d'assurer l'application des règles qui se rapportent à la perception; ils se borneront donc à requérir, lorsqu'il y aura lieu, l'insertion au procès-verbal, tant des faits sur lesquels il se serait élevé des doutes ou des contestations que des observations qu'ils auront cru devoir présenter. »

Pour tout homme impartial, il est évident que l'administration des contributions indirectes est restée ainsi dans les limites de ses attributions.

Voyons maintenant quels sont les effets légaux du recensement de la population.

Si le recensement actuel fait comprendre une ville dans la classe de celles qui ont une population agglomérée de 4,000 âmes, les droits d'entrée sur les boissons qui n'y étaient pas perçus, y deviendront exigibles. Au contraire, si le recensement démontre que la population d'une ville aujourd'hui tarifée comme ayant quatre mille âmes ou plus, est réduite au-dessous de quatre mille, les droits d'entrée sur les boissons cesseront d'y être perçus. Le recensement peut aussi amener un changement de classe parmi les villes soumises aux droits.

En ce qui touche l'assiette des *droits d'entrée sur les boissons*, le recensement de la population a donc pour effet immédiat, sans l'intervention d'une loi nouvelle, par la seule force des tarifs existans, de faire établir, hausser, baisser, disparaître même les droits d'entrée; et, quel que soit le résultat, nul ne peut se plaindre, car le législateur s'est prononcé. En effet, lorsque le recensement est exact, se plaindre, ce serait demander, par *privilége*, à être exempté des taxes décrétées et calculées d'avance par la loi.

Aujourd'hui, de nos impôts directs, un seul, celui des patentes, est un *impôt de quotité*, c'est-à-dire un impôt dont le législateur fixe les tarifs et que le gouvernement recouvre directement sur les contribuables par ses agens, sans le concours des conseils ou des répartiteurs locaux.

Les patentables, sauf quelques exceptions, sont, comme nous l'avons dit plus haut, divisés en plusieurs classes, et chaque classe subit une augmentation du droit fixe de patente à proportion de la plus grande population des villes habitées par les commerçans.

Ainsi, le déclassement de chaque ville peut, sans le concours de la législature, accroître ou diminuer le droit fixe de patente des commerçans qui habitent dans son sein.

La taxe des portes et fenêtres est un impôt de répartition, quoiqu'elle repose sur un tarif dont le taux varie suivant la population à l'instar des impôts de quotité. Les résultats du recensement, alors qu'il feraient découvrir une population plus considérable dans certaines villes, ne pourraient accroître les revenus du Trésor quant à cet impôt, qu'autant qu'une loi aurait voté l'augmentation des contingens généraux; en l'absence de cette loi, ces résultats ne pourraient être employés que par les conseils généraux de département et les conseils d'arrondissement pour modifier les contingens des arrondissemens et des communes, eu égard à la diminution ou à l'accroissement de la population dans ces localités.

La contribution personnelle et mobilière est aussi un impôt de répartition; ici encore si le recensement de la population révélait l'existence de contribuables qui auraient précédemment échappé à l'impôt personnel, cette découverte n'aurait pas pour résultat d'augmenter le produit général de l'impôt; elle servirait seulement à montrer à l'Etat toutes les ressources dont le législateur peut disposer; mais tant qu'une loi nouvelle n'aura pas rehaussé les contingens départementaux, le recensement, loin d'augmenter abaisserait les cotes individuelles, en faisant reporter une partie des contingens communaux sur les nouveaux recensés, qui, au mépris de l'égalité devant la loi, auraient rejeté sur d'autres la part d'impôt qu'ils devaient supporter.

Les conséquences légales du recensement de la population étant connues, parlons des recours qui sont ouverts en cas d'erreur dans la confection du recensement, ou de changemens surveaus et qui seraient de nature à opérer un déclassement.

Dans ces deux cas, les communes peuvent toujours se pourvoir soit contre leur *assujétissement* aux droits d'entrée sur les boissons, soit contre *leur classement*. Leur recours doit être adressé au préfet, qui, sur l'avis du sous-préfet, prend une décision provisoire, mais exécutoire. Cette décision est transmise au directeur de l'administration des contributions indirectes, « sur le rapport » duquel il sera statué par le ministre des finances, sauf *le re-* » *cours de droit*, » c'est-à-dire sauf le recours au Conseil-d'Etat, par la voie contentieuse.

Telle est la prescription de l'article 22 de la loi du 28 avril 1816, qui assure aux communes la répression de tout abus.

Depuis la périodicité quinquennale des recensemens, des doutes s'étaient élevés sur la question de savoir si l'article 22 de la loi de 1816 était toujours en vigueur. Le ministère de l'intérieur soutenait la négative, en se fondant sur la régularité et la fixité des recensemens quinquennaux. Mais, par lettre du 9 novembre 1836, le ministre des finances répondit :

« Que la loi ne circonscrit ces réclamations dans aucun délai, et qu'aussitôt que les préfets en sont saisis, ils sont tenus de statuer selon l'état actuel des choses; qu'ils ne pourraient, sans déni de justice, s'abstenir de prononcer et opposer à la réclamation l'ordonnance de la population officielle quinquennale, en ajournant leurs décisions jusqu'au recensement général ;

» Que le droit de réclamer existe également pour les contribuables individuellement; qu'ils peuvent motiver leur opposition au paiement du droit sur ce que leur habitation n'est pas comprise dans la partie agglomérée; que l'instance sur les oppositions est déférée aux Tribunaux civils qui, préalablement, renvoient les opposans devant l'autorité administrative, afin que celle-ci prononce sur les faits d'agglomération et de population. »

D'où le ministre concluait :

» Qu'il n'est pas possible de reconnaître l'immutabilité des tableaux de population officiels sans annuler le droit de réclamation consacré par l'article 22 de la loi du 26 avril 1816.

» Que si la voie de la réclamation est toujours ouverte aux communes ou aux contribuables, dans leur intérêt particulier, ce droit ne saurait être contesté au Trésor, dans l'intérêt des revenus de l'Etat. »

Pour appuyer ces argumens, M. le ministre de finances se plaignait ensuite de ce « que le travail préparatoire pour la formation des tableaux généraux était fait par les autorités communales, sans le concours des préposés du ministère des finances. »

Le 30 décembre 1836, M. le ministre de l'intérieur, en persévérant dans son refus de reconnaître l'applicabilité de l'article 22 de la loi du 28 avril 1816, déclarait :

« Que, pour concilier toutes les exigences, il était convenable que les agens de la Régie fussent appelés à concourir au travail de recensement, au moins pour toutes les localités dont la population est sur la limite de celles qui comportent le droit d'entrée. »

C'est en vertu de cette proposition que les agens des contributions indirectes ont été appelés à assister au recensement actuel.

Du reste, pour vider le conflit d'opinions qui existait entre les deux départemens ministériels, la question fut soumise à l'assemblée générale du Conseil-d'Etat, qui, le 11 octobre 1837, décida :

« Que l'article 22 de la loi du 28 avril 1816 a conservé toute sa force; que la publication quinquennale des tableaux officiels de population ne peut mettre obstacle à ce que, dans l'intervalle de cette période, les villes et communes, dans leur intérêt particulier, et l'administration des contributions indirectes, dans celui du Trésor, ne réclament contre les erreurs ou changemens qui auraient pour résultat de les astreindre indûment au paiement du droit d'entrée, ou de les exempter à tort de cet impôt. »

Voilà pour les droits d'entrée sur les boissons.

Nous avons montré que le recensement de la population peut aussi modifier gravement l'assiette du droit fixe de patente; l'influence étant la même, en cas d'erreur ou de changement survenu, le recours sera-t-il le même ?

Il y a là une difficulté grave, car l'article 22 de la loi du 28 avril 1816 est spécial aux contributions indirectes, et la législation sur les patentes ne fournit aucune disposition analogue.

Toutefois, constatons que, bien que cet article 22 fût spécial *aux communes* et ne créât de recours que pour elle seules, sans parler ni des particuliers ni de l'état, cependant, dans sa lettre du 9 novembre 1836, le ministre des finances a reconnu aux particuliers le droit de discuter les recensemens de la population qui leur nuisent; et que, par réciprocité du droit des communes, l'avis du Conseil d'Etat du 11 octobre 1837 ouvre la voie du recours à l'administration des contributions indirectes dans l'intérêt du Trésor.

Pourquoi ne ferait-on pas, au cas qui nous occupe, une nouvelle application du principe d'équité et de justice posé dans l'art. 22 de la loi de 1816 ? En matière de patente, il s'agit d'appliquer des tarifs aux personnes imposables, tandis qu'en matière de droits d'entrée l'application se fait à des choses : voilà toute la différence. Il est vrai qu'alors la procédure offrirait un peu de complication. Ainsi le patentable qui croirait que la ville où il réside a été placée dans une classe trop élevée s'adresserait pour demander une réduction de sa cote au conseil de préfecture, qui renverrait pour la vérification de la réclamation, en ce qui concernerait le tableau de la population, au préfet, dont l'arrêé, pour être définitif, devrait être approuvé par le ministre des finances; et la décision de celui ci pourrait être déférée au Conseil-d'Etat par la voie contentieuse. Après cette longue procédure, on reviendrait pour la réduction de la cote, devant le conseil de préfecture, avec la faculté d'un nouveau recours contentieux devant le Conseil - d'Etat. Ce serait là sans doute des involutions bien nombreuses pour des intérêts en général assez minimes. Il faut dire, au surplus, de semblables erreurs commises au préjudice des patentables ne paraissent pas avoir été fréquentes; car il n'y a pas un exemple de recours formé au Conseil-d'Etat pour ce motif, et l'on sait que, depuis dix ans, les recours des patentables, qui peuvent être introduits sans frais, ont été excessivement multipliés.

Un seul recours de ce genre a été formé relativement à l'impôt des portes et fenêtres. M. Bourdeau, ancien garde des sceaux, aujourd'hui pair de France, soutenait que l'impôt des portes et fenêtres n'avait pu être perçu, en 1831, dans la ville de Limoges, d'après le tarif établi pour les villes de 25,000 à 50.000 habitans, attendu que cette ville avait moins de 25.000 âmes de population; que le tableau déclaré authentique par l'ordonnance royale du 15 mars 1827 lui assignait, il est vrai, une population de 25,612 habitans; mais que, dans ce calcul, on avait compris à tort 989 détenus à la maison centrale. En conséquence, il demandait que l'impôt fût perçu d'après le tarif adopté pour les villes de 10,000 à 25,000 habitans. Cette prétention fut repoussée par un arrêt du Conseil-d'Etat, du 30 août 1832; l'un des considérans est ainsi conçu :

« Considérant que la population de la commune de Limoges s'élève,
» d'après le tableau officiel de la population, annexé à l'ordonnance du 15
» mars 1827, à plus de 25,000 âmes, et que nul n'est recevable à discuter les élémens de ce tableau, ni à former opposition à l'ordon-
» nance qui l'homologue. »

Il faut remarquer que la réclamation de M Bourdeau avait été formée sous l'empire d'une législation qui avait fait de l'impôt des portes et fenêtres un impôt de quotité. Aujourd'hui que cet impôt est redevenu de répartition, l'arrêt du conseil à moins d'inconvéniens pour les contribuables. En effet, le contingent des communes dans l'impôt des portes et fenêtres est fixé chaque année par le conseil d'arrondissement, sauf recours au conseil-général (loi du 10 mai 1838, articles 1 et 2); et il arrive habituellement que des dégrèvemens ou des surélévations de contingens communaux sont prononcés par ces conseils, lorsqu'il est justifié qu'il y avait eu erreur ou qu'il est survenu des modifications notables dans la matière imposable ou dans la population des communes de leur ressort. Ainsi les contribuables ont, en cette matière, un recours efficace et sans frais, devant le conseil d'arrondissement et le conseil général de département.

En résumé, le recensement de la population est légal tel qu'il s'opère; il a une influence considérable sur l'assiette des impôts, mais il est entouré de recours tels que l'intérêt des citoyens est suffisamment garanti. Seulement, nous le répétons encore, il nous semb'e qu'une loi ou au moins un réglement d'administration publique, devraient fixer les bases de cette opération importante; en même temps, on devrait régler d'une manière incontestable les formes dans lesquelles ce recensement doit se faire, régulariser l'intervention des agens des contributions indirectes, et peut-être même, à cause de l'influence de ces opérations sur les droits fixes de patente et sur l'impôt des portes et fenêtres, y admettre les agens des contributions directes; mais il faudrait surtout déterminer et régler les recours dont il est susceptible.

Nous allons maintenant apprécier les trois autres recensemens auxquels on procède sous les ordres de M. le ministre des finances.

C'est contre ces mesures que sont dirigées les attaques les plus vives et les plus nombreuses; on ne saurait donc apporter une attention trop scrupuleuse à l'examen de cette partie de la question.

Voyons d'abord ce qui concerne l'impôt des patentes.

§ II. — *Recensement des patentables.*

L'impôt des patentes comprend deux espèces de droits : droits *fixes* et droits *proportionnels.*

En ce qui concerne le droit *fixe*, on peut ranger les patentables en cinq catégories : — dans la première, qui à elle seule comprend presque tout le commerce, les patentables sont imposés à raison de l'importance de leur industrie et de la population du lieu où ils l'exercent. On sait que la loi les divise en plusieurs classes, dans lesquelles le droit fixe diffère, et que, en outre, dans chaque classe, ce droit varie suivant la population des communes habitées par les patentables. — Dans la deuxième catégorie sont les patentables qu'on appelle *hors classe*, parce que chaque profession est imposée individuellement, et non par classe ou groupe, comme dans la première catégorie.—La troisième catégorie comprend les fabricans à métiers, qui sont imposés à raison du nombre et de la largeur des métiers qu'ils emploient. — Dans la quatrième catégorie sont rangés les filateurs de laine et de coton, les entrepreneurs de moulins à soie et les fileurs de cocons, qui sont imposés en raison du nombre des broches, des tours ou bassins qu'ils emploient; dans ces deux catégories, jamais le droit fixe ne dépasse le maximum de 300 francs. — La cinquième catégorie renferme les manufacturiers et fabricans autres que les fabricans à métiers. Ces patentables sont imposés à raison de l'importance de leurs établissemens, que la loi divise en six classes, dans lesquelles le droit varie de 25 à 300 francs. Le droit fixe est réglé dans cette catégorie, de même que dans les seconde, troisième et quatrième, sans égard à la population.

Le droit *proportionnel* est, en général, le dixième du loyer des locaux servant à l'habitation du patentable ou affectés à l'exercice de son industrie. Ce droit est dû par tous les commerçans, à l'exception des patentables de la première catégorie, dont le droit fixe est inférieur à 40 francs, ou dont la profession est rangée dans la sixième classe et au-dessous; il y a aussi exemption pour ceux dont l'état est compris dans les quatre autres catégories, et dont le droit fixe n'est que de 30 francs (1)

Cet état de choses résulte des lois des 1er brumaire an VII (22 octobre 1798), 25 mars 1817, 15 mai 1818, 17 juillet 1819, 26 mars 1831 et 10 août 1839.

La première de ces lois, celle du 1er brumaire an VII, avait chargé les agens municipaux de dresser, dans chaque commune, le tableau de ceux qui exerçaient une industrie sujette à patente; et c'était la régie de l'enregistrement qui avait mission d'en faire la perception. Ce tableau des patentables devait être remis au commissaire du directoire exécutif près l'administration municipale du canton; cette administration devait en faire l'application, sauf toutes observations et réquisitions du commissaire. Le tableau était définitivement arrêté par l'administration centrale de département, sur 'a présentation et d'après les observations et réquisitions du commissaire du directoire exécutif près cette administration. (Voir loi du 1er brumaire an VII, articles 9 à 12.)

En l'an VIII, l'organisation de l'administration départementale et municipale fut changée. Si l'on eût suivi la loi du 1er brumaire an VII, les sous-préfets eussent été chargés de dresser l'état des habitans, qui, dans chaque commune, exercent une industrie sujette à patente; mais, comme une administration spéciale des contributions directes venait d'être créée, les dispositions de la loi du 1er brumaire an VII, que nous venons de rappeler, furent modifiées par l'arrêté consulaire du 15 fructidor an VIII, qui est encore en vigueur, et dont les dispositions doivent être citées textuellement.

« Article 1er. A compter de l'an IX, les contrôleurs des contributions directes sont chargés de former, pour le 1er frimaire au plus tard, chacun dans son arrondissement, les tableaux des citoyens assujétis à la patente; d'établir la nature de leur commerce, industrie et profession les plus imposables, la valeur locative de leurs maisons d'habitation, usines, ateliers, magasins et boutiques, d'après les règles prescrites par les articles 5 et 9 de la loi du 1er brumaire an VII. Lesdits tableaux seront arrêtés par les maires, qui pourront y joindre leurs observations, et qui en conserveront un double, dont les citoyens pourront aussi prendre communication.

» Art. 2. Les contrôleurs enverront, sans délai, les tableaux qu'ils auront formés en exécution de l'article 1er, au sous-préfet qui, dans la décade suivante, les fera passer avec ses observations au préfet, lequel remettra le tout aux directeurs des contributions directes.

» Article 5. Dans la décade qui suivra la réception des tableaux, le directeur fixera, d'après les lois, le montant de chaque patente, il re-

____

(1) Voir dans l'*Encyclopédie des gens du monde*, t. 14, p. 513, l'article *Impôts* de M. Boulatignier. La question des impôts y est traitée sous le point de vue économique, historique et pratique. On y compare notre système actuel avec celui de l'ancienne monarchie française, et des peuples nos voisins, notamment de l'Angleterre.

mettra au préfet les rôles ainsi formés, et il y joindra les observations qui auront été adressées par les sous-préfets et par les maires.

Article 4. Dans la décade suivante, le préfet, après avoir vérifié les rôles et les avoir rendus exécutoires, les adressera *au directeur de l'enregistrement* (1), qui les fera parvenir aux receveurs chargés d'en suivre le recouvrement. »

Pour se convaincre de la légalité des mesures actuelles, il suffit de les rapprocher de cet arrêté; en effet, voici ce qu'on lit dans la circulaire de M. le ministre des finances du 25 février 1841.

« En ce qui concerne les patentes, les contrôleurs des contributions directes, conformément à l'arrêté des consuls du 15 fructidor an VIII, formeront les tableaux des patentables et établiront la nature de leur commerce, industrie ou profession, ainsi que la valeur locative qui devra servir de base au droit proportionnel.

» Les tableaux seront arrêtés par les maires, qui pourront y joindre leurs observations et en conserver un double.

» Les contrôleurs les enverront sans délai au sous-préfets qui, dans les dix jours suivans, vous les feront passer.

» Vous remettrez le tout au directeur des contributions directes, afin qu'il ait à fixer, d'après les lois, le montant de chaque patente.

» Si contre mon attente, et par des considérations étrangères à l'exacte application des lois sur la matière, vous étiez d'avis de ne pas adopter la matrice adressée par le contrôleur, vous m'en informeriez en me faisant connaître vos motifs, et *je statuerais*. »

On voit que cette circulaire ne fait que reproduire l'arrêté des consuls; seulement le ministre, chef hiérarchique du préfet, se réserve de statuer, dans le cas où le préfet éprouverait des doutes sur l'approbation à donner aux rôles que les agens des contributions directes doivent lui présenter pour les rendre exécutoires.

Cette réserve faite par le ministre de statuer lui-même en cas de dissentiment entre les agens des contributions directes et le préfet, a donné lieu à une protestation du conseil municipal de la ville de Paris, que la presse commente depuis quelques jours.

Examinons sur quoi repose cette protestation.

D'après l'article 4 de l'arrêté consulaire de l'an VIII, c'est le préfet qui *vérifie* et *arrête* le rôle des patentes. Il résulte d'une circulaire du 15 vendémiaire an IX que, pour les difficultés qui peuvent s'élever dans la confection de la matrice du rôle, le directeur des contributions doit se *conformer à la décision du préfet*.

Deux projets de loi présentés à la Chambre des députés les 3 février et 16 décembre 1834, par le ministre des finances, pour modifier et compléter la législation des patentes, contenaient la disposition suivante :

(1) L'administration de l'enregistrement a cessé de faire le recouvrement de l'impôt des patentes, d'après l'arrêté du 26 brumaire an X (17 novembre 1801), qui en a chargé les percepteurs des contributions directes.

« En cas de dissidence entre le maire et le contrôleur, comme en cas d'irrégularité reconnue par le directeur des contributions directes dans le classement des patentes ou dans l'évaluation des loyers, le préfet *statuera définitivement*. »

Suivant le conseil municipal de Paris, cette disposition, qui est *restée à l'état de projet*, ne ferait que confirmer la législation existante. En conséquence, il a invité le préfet de la Seine à se pourvoir, par toutes voies de droits, contre la disposition finale de la circulaire du 25 février 1841, qui lui paraît contenir une violation de la loi.

Nous devons faire remarquer qu'on ne cite aucun texte de loi à l'appui du droit de *décision définitive* que l'on réclame pour le préfet. Or, c'est un principe élémentaire en droit administratif que les actes des agens administratifs peuvent toujours être réformés par leurs supérieurs dans l'ordre hiérarchique, à moins que la loi n'ait formellement disposé le contraire.

L'application de ces principes aux arrêtés préfectoraux n'a jamais été contestée.

Lorsqu'en 1818 le judicieux M. Macarel a publié ses élémens de jurisprudence administrative, qui ont jeté les premiers fondemens de cette partie de la science administrative, voici comment il a caractérisé les actes de l'autorité préfectorale :

« N° 14. Les arrêtés des préfets ne sont pas des jugemens,
» mais de simples actes qu'ils peuvent modifier ou rapporter, soit
» de leur propre mouvement, *soit sur l'invitation des ministres.*
» N° 17. Les arrêtés des préfets pris dans les bornes de leur
» compétence doivent être déférés aux ministres chacun en ce
» qui le concerne, avant d'être attaqués devant le Conseil-d'Etat.
» N° 95. Ils (les ministres) peuvent ordonner aux préfets de
» rapporter leurs arrêtés. »

M. Cormenin, dont les ouvrages sont destinés à populariser la science administrative, a, dès 1823, ajouté à la troisième édition de ses *Questions de droit administratif* une série de principes analogue au travail de M. Macarel; et, depuis lors, dans les troisième, quatrième et cinquième éditions, il dit en parlant de l'autorité préfectorale :

« De ce que les ministres sont les plus hauts agens du pouvoir
» exécutif et de ce qu'ils sont responsables, il suit qu'ils peuvent
» rapporter ou ordonner de rapporter tous les arrêtés des préfets
» rendus en matière purement exécutive »

Il ne faut pas oublier que ce principe incontesté du droit administratif est le corollaire du principe constitutionnel de la responsabilité ministérielle.

Le maintien de ce principe a, d'ailleurs, une utilité toute particulière en matière d'impôts directs.

Deux autorités concourent, on le sait, à la confection des rôles : d'une part, les agens de l'administration des contributions qui pourraient, par une préoccupation facile à concevoir, exagérer les droits du fisc; d'autre part, les préfets, chez lesquels de semblables préoccupations ne sont pas à craindre, mais qui, pour capter la popularité de leur département, peuvent être tentés de sacrifier les droits légitimes du Trésor aux prétentions des localités.

Le défaut d'harmonie entre ces deux ordres d'agens est chose fâcheuse; si elle s'établit, il faut qu'une autorité également prépondérante à l'égard des préfets et des agens des contributions directes la fasse cesser. Cette autorité ne peut être que le ministre des finances, qui est chargé sous sa responsabilité personnelle de l'exécution de toutes les lois d'impôt. Cette intervention est d'autant plus nécessaire ici que, dès que les rôles ont été rendus exécutoires par les préfets, l'administration ne peut y faire aucune modification dans l'intérêt de la juste application de la loi, tandis que le citoyen qui se croit lésé par les fixations du rôle peut réclamer devant le Conseil de Préfecture et le Conseil-d'Etat. Qu'on ne perde pas de vue, d'ailleurs, que si le ministre intervient ce n'est pas seulement dans l'intérêt du Trésor, c'est aussi pour assurer l'égalité dans l'assiette de l'impôt.

Au surplus, la doctrine soutenue par le conseil municipal de la ville de Paris a subi un solennel échec devant la Chambre des députés. A la session dernière, dans la séance du 25 mai, M. Galis, l'un de nos confrères, député de Paris et membre du conseil municipal, avait proposé d'insérer dans le budget des recettes un article additionnel qui reproduisait littéralement la disposition précitée des projets de loi de 1834 sur les patentes. Cet article a été rejeté à une immense majorité (1).

Et ce qu'il y a de bizarre, c'est que, dans la discussion de son amendement, l'honorable M. Galis, attaquant la circulaire du 25 février, disait à M. le ministre des finances :

« A Paris, l'administration municipale a réclamé très-vivement;
» le conseil municipal a délibéré qu'il y aurait lieu d'inviter M. le
» préfet à se pourvoir, par toutes les voies de droit, pour *obtenir*
» *la réformation de vos instructions*. Je suis ici l'interprète de ses
» sentimens. » (*Moniteur* du 26 mai, p. 1490, 2ᵉ colonne.)

De telle sorte que, d'après le discours de l'énergique interprète du conseil municipal, la délibération que l'on publie sous la date du 16 juillet, serait antérieure au 25 mai, et la doctrine du conseil aurait été formellement condamnée par la Chambre des dé-

____

(1) Il est une partie de la discussion que nous n'avons pas bien comprise. En argumentant pour ou contre le droit de *décision définitive* qu'il s'agissait de conférer aux préfets, on a parlé des recours aux conseils de préfecture et au Conseil-d'Etat comme devant être suppléés par l'arrêté définitif du préfet.

Evidemment il y a eu là confusion. On eût pu donner aux préfets le droit *d'arrêter définitivement* le rôle des patentes, sans que les citoyens fussent privés du bénéfice du recours qui leur est ouvert, par la voie contentieuse, devant le conseil de préfecture et le Conseil-d'Etat; ce droit de décision définitive eût eu pour résultat unique d'affranchir les préfets de l'autorité hiérarchique du ministre des finances, dont la responsabilité n'eût plus été engagée par cet acte de l'autorité préfectorale.

putés; ou bien, si elle est réellement du 16 juillet, ayant dans son sein l'auteur même de l'amendement repoussé le 25 mai, comment le conseil municipal a-t-il cru pouvoir reproduire la doctrine de M. Galis, sans tenir compte, ni même faire mention de la décision de la Chambre?

Ainsi, si nous nous permettons de combattre la délibération d'un corps aussi élevé que le conseil municipal de Paris, c'est en nous appuyant sur l'autorité de la Chambre des députés elle-même.

Un autre point de la circulaire ministérielle nous semblerait susceptible de plus justes critiques. Ici encore quelques développemens sont nécessaires pour bien faire comprendre notre pensée.

Le rôle assigné par l'arrêté de l'an VIII aux agens des contributions directes a été modifié, quant à l'assiette du *droit fixe* des patentab'es des 3ᵉ, 4ᵉ et 5ᵉ catégorie, par les lois des 25 mars 1817 et 15 mai 1818.

D'après ces lois, les fabricans à métiers (3ᵉ catégorie) et les filateurs (4ᵉ catégorie) doivent faire eux-mêmes, devant le maire de leur commune, la déclaration qui doit servir de base à l'impôt; la loi punit d'amende et de surtaxe le défaut de déc'aration et les déclarations fau-ses ou incomplètes. Or, ce ne sont pas les contrôleurs des contributions directes qui sont chargés de vérifier ces déclarations; en effet, on lit dans la loi du 15 mai 1818, reproductive de cel'e de 1817 (article 59) :

« Le préfet indiquera l'époque des déclarations et des vérifications, ainsi que le délai dans lequel elles doivent êtres faites. Elles ne pourront avoir lieu qu'une fois l'an. »

L'article 56 dispose que « les déclarations *pourront* être vérifiées par des commissaires nommés par les maires pour les villes, et par les sous-préfets pour les cantons ruraux. Les commissaires classeront les fabricans et les filateurs, soit d'après les déclarations qui auront été faites, soit d'après les autres renseignemens qu'ils auront recueillis.

» Le nombre des commissaires ne pourra surpasser le nombre de cinq ni être moindre de trois. »

Les préfets sont autorisés à réformer les fixations erronées qui seraient faites par les maires et les commissaires. Les fabricans et filateurs peuvent se pourvoir en décharge ou réduction devant le conseil de préfecture du département.

Suivant MM. Macarel et Boulatignier (1) :

« La nomination des commissaires n'est point obligatoire; elle est purement facultative. Il ne sont qu'un secours offert par la loi à l'administration pour le meilleur usage d'une autorité dont elle est investie. »

Quel que soit le respect que nous professions pour la haute science de MM. Macarel et Boulatignier, dont le livre est certes une des œuvres les plus remarquables qui aient été publiées sur

____

(1) *De la fortune publique*, t. III, p. 475.

le droit administratif, nous ne pouvons admettre leur opinion en ce point.

Nous estimons que l'administration doit, ou croire la déclaration des fabricans et fileurs, ou la faire vérifier par les commissaires que désigne la loi. Nous pensons que l'expression facultative dont se sert l'article 56 tombe sur le fait de la vérification qu'on *pourra* faire ou ne pas faire, et non sur l'emploi des commissaires qui, en cas de vérifications, doivent nécessairement intervenir.

Quant aux manufacturiers et fabricans autres que les fabricans à métiers (cinquième catégorie), ils doivent, aux termes de l'article 60 de la loi du 15 mai 1818,

« Etre classés, savoir : pour les cantons ruraux, par les sous-préfets, après avoir pris l'avis des maires des communes où sont situés les établissemens, et celui des répartiteurs et des contrôleurs des contributions directes ;

» Pour les villes, par les maires, après avoir pris l'avis des répartiteurs et des contrôleurs des contributions directes.

» Dans les cantons ruraux et dans les villes où, en vertu de l'article 56, il aura été nommé des commissaires, pour le classement des fabricans et des filateurs, ces mêmes commissaires seront chargés de faire le classement des entrepreneurs des établissemens industriels compris dans le présent article. »

Il résulte de ces observations sur l'assiette du *droit fixe* de patente que la circulaire de M. le ministre des finances ne peut être applicable qu'aux cas les plus généraux, et qu'elle ne l'est pas aux trois catégories de patentables dont s'occupent les lois de 1817, 1818 et 1819.

Donc, si ce n'était pas une simple omission, s'il y avait intention de soumettre ces patentables à la vérification exclusive des agens des contributions directes, il y aurait, à notre avis, violation des lois que nous venons de citer; car, ainsi que le prescrit l'article 59 de la loi de 1817, les vérifications ne doivent avoir lieu qu'une fois l'an, et ce ne sont pas les contrôleurs des contributions directes qui en sont chargés. En vain dirait-on qu'il ne s'agit pas ici du travail de classement annuel, mais d'une mesure spéciale de recensement sur laquelle ces lois n'ont pas statué : dans l'impôt dont il s'agit il n'y a pas lieu de rechercher des renseignemens pour l'assiette ultérieure de l'impôt; le recensement se confond avec l'assiette.

Quant à la partie du recensement qui se rapporte au *droit proportionnel* assis sur les valeurs locatives des patentables, les lois de 1817, 1818 et 1819 n'ont point dérogé aux dispositions de l'arrêté consulaire de l'an VIII, les contrôleurs des contributions ont donc toujours mission de rechercher ces valeurs locatives et d'en dresser le tableau, sauf les les observations du maire.

Par les dernières circulaires, les percepteurs peuvent assister ou suppléer les contrôleurs dans leur mission. Personne n'a contesté la légalité de cette mesure; les percepteurs étant d'ailleurs en

2

contact continuel avec les contribuables pour le recouvrement de l'impôt et connaissant leurs ressources personnelles, peuvent, au besoin, modérer le zèle des agens de l'administration des contributions.

Résumons donc la question de légalité.

Il est constant que, dans les impôts de *quotité*, le *recensement* fait partie de *l'assiette* même des taxes, car, en cette nature d'impôts, la loi frappe directement la matière impossable dès qu'elle est connue. L'administration des contributions directes ne peut donc revendiquer la mission de faire le recensement des patentables qu'en prouvant qu'elle a le droit d'asseoir la taxe des patentes, qui se divise en droit fixe et en droit proportionnel. Or, nous avons établi que cette administration a mission d'asseoir le *droit proportionnel* de patente, et que ce mandat ne souffre aucune exception. Nous avons, en outre, prouvé, que dans la plupart des cas l'assiette du *droit fixe* de patente lui appartient encore.

Mais nous croyons avoir établi que l'assiette lui a été retirée pour trois catégories de patentables. Cette restriction, que seuls nous avons indiquée, est contestée par MM. Macarel et Boulatignier, ainsi que par des circulaires ministérielles anciennes, dont l'exécution n'a excité aucune réclamation devant les Tribunaux administratifs.

Au cas donc où notre interprétation des lois de 1817 et 1818 serait juste, les circulaires ministérielles qu'on attaque ne contiendraient d'illégalité qu'autant que l'administration, s'en tenant littéralement à la généralité des expressions, voudrait recenser même le *droit fixe* des patentables des trois catégories précitées. Si l'on procédait de la sorte, les patentables auraient un recours ouvert devant le conseil de préfecture et le Conseil d'Etat; là, ils peuvent demander, au lieu du recensement par les agens de l'administration des contributions directes, celui des commissaires spéciaux désignés par les lois de 1817 et 1818, et les Tribunaux administratifs compétens jugeront la question d'interprétation que nous avons soulevée. Telle est la marche légale.

S'attaquant au fond de la mesure, on s'est plaint que le ministre voulut, en quelque sorte, pressurer la matière imposable pour en exprimer jusqu'au dernier suc; on s'est plaint de circulaires qui tenderaient à stimuler outre mesure le zèle des agens du fisc.

Ces objections ne touchent pas à des questions de légalité; elles rentrent dans le domaine de la politique et sont hors du cercle que nous nous sommes tracé. Cependant, au point de vue où nous sommes, il nous est impossible de ne pas faire observer que du moment où l'on sort de l'application de la loi, on tombe dans l'arbitraire ; et que si les tempéramens que l'on demande sont réclamés en faveur des patentables peu aisés, il serait très facile, du moment où la modération des taxes dépendrait des agens d'exécution, que ces tempéramens profitassent à des contribuables plus riches. Il ne faut pas oublier, d'ailleurs, qu'il y a des dispositions légales pour venir au secours des patentables malheureux; des centimes additionnels sont réservés pour leur être distribués à titre de remises ou modérations.

Quant aux instructions administratives, nous ignorons s'il y en a de confidentielles qui aient cherché à exciter chez les agens des contributions directes un zèle imprudent; et, s'il en existe, nous n'hésitons pas à les réprouver.Mais voici ce qu'on lit, relativement à l'impôt des patentes, dans la circulaire de M.le directeur-général de l'administration des contributions directes :

« Je rappellerai ici, dit M. le directeur, que, d'après les lois et régle-
» mens sur la matière, les contrôleurs sont chargés de former, chacun
» dans son arrondissement, les tableaux des individus assujétis à la pa-
» tente; d'établir la nature de leur commerce, industrie ou profession
» la plus imposable, et de constater la valeur locative réelle de leurs
» maisons d'habitation, usines, ateliers, magasins et boutiques. Le de-
» voir de ces agens est de présenter les faits dans toute leur vérité. S'ils
» y manquaient, ils s'exposeraient à la juste sévérité de l'administra-
» tion. »

Nul ne doit se plaindre de la manifestation de la vérité et de toute la vérité; en conséquence, cette circulaire nous semble à l'abri de tout reproche, car ce ne serait qu'au nom du *mensonge* qu'on pourrait prétendre la critiquer.

En terminant cette partie de notre travail, éclairons les patentables sur leurs véritables intérêts, que les excitations politiques pourraient leur faire oublier.

Ceux pour lesquels le recensement actuel amènerait une augmentation de taxe de patente pour l'exercice 1842, peuvent, d'après la loi, recourir sans frais, d'abord devant le conseil de préfecture, et ensuite devant le Conseil-d'Etat. Ajoutons qu'en parcourant la jurisprudence, telle que l'ont relevée et coordonnée MM. Macarel et Boulatignier (1), on peut se convaincre de l'efficacité de ces recours. La juridiction administrative suprême a souvent résisté aux exigences fiscales qui voulaient dénaturer le sens de la loi.

Rappelons aussi aux patentables que, d'après la jurisprudence du Conseil, si un contribuable, mis en demeure de recourir à l'expertise pour justifier sa réclamation, néglige d'user de ce droit, il doit être considéré comme ayant implicitement reconnu que la valeur locative de son établissement n'a pas été exagérée. (Voir les arrêts des 17 mars 1835, Desmichels; 23 février 1839, Gro-laux.) Devant le Conseil d'Etat il n'est plus recevable à demander l'expertise. (Voir l'arrêt du 19 janvier 1836, Arthur.)

Or, supposons qu'en cours de recensement un patentable ait refusé l'ouverture de ses magasins aux contrôleurs assistés du maire; qu'il soit imposé à une somme trop forte et dont il se plaigne. Ne dira-t-on pas que son refus d'ouvrir ses magasins aux agens des contributions directes équivaut à un refus d'exper-

____

(1) *De la Fortune publique*, t. III, pages 503 à 664.

2.

tise ? C'est ainsi qu'en matière de contraventions de grande voi-
rie , jamais le Conseil n'hésite à condamner au *maximum* de l'a-
mende, pour contravention aux lois sur le poids des voitures,
les voituriers qui éludent les ponts à bascule et refusent de passer dessus. Ce n'est là qu'une analogie; mais nous devions signa-
ler le danger à l'attention des contribuables.

Enfin , les maires, auxquels l'arrêté des consuls de l'an VIII
donne le droit de faire des observations sur le travail des contrôleurs des contributions, doivent songer qu'en refusant d'assister ces contrôleurs, ils priveraient leurs administrés d'une pro-
tection utile; i's manqueraient à la loi, qui a voulu que les agens
du Trésor agissent ici sous le contrôle de fonctionnaires qui,
élus par les citoyens, semblent plus spécialement chargés de la
défense de leurs intérêts.

§ III. — Recensement des valeurs locatives et des portes et
fenêtres.

Il faut rechercher maintenant si, comme on le prétend, l'administration des contributions directes a usurpé la place de l'autorité municipale dans les recensemens relatifs soit à la contribution personnelle et mobilière, soit à l'impôt des portes et fenêtres. Rappelons brièvement quelle est la nature de chacun de ces
impôts et quelles sont les causes qui rendent nécessaires les recensemens qui les concernent.

La taxe mobilière fut créée par la loi des 13 janvier-18 février
1791: après avoir cinq fois changé de bases, elle est aujourd'hui,
d'après la loi du 23 juillet 1820, assise exclusivement sur *les valeurs locatives d'habitation.* Ces valeurs servent de base à la répartition des contingens entre les contribuables, les communes,
les arrondissemens et les départemens.

L'impôt des portes et fenêtres, créé le 4 frimaire an VII, fut
destiné à remplacer la taxe mi-partie mobilière et immobilière,
que la loi des 13 janvier-18 février 1791 avait créée sous le nom
de *cote d'habitation* Dans l'origine, c'était un impôt de quotité;
la loi du 13 floréal an X en fit un impôt de répartition; une loi du
26 mars 1831 tenta de ramener cette contribution à sa nature
primitive; mais la loi du 21 avril 1832 en fit de nouveau un impôt de répartition; seulement, depuis la loi du 18 août 1835, les
nouvelles constructions et reconstructions ou les démolitions et
destructions de propriétés bâties viennent accroître ou diminuer
proportionnellement les contingens de chaque circonscription ter-
ritoriale et par suite le contingent général.

Quant aux causes des recensemens, elles remontent à l'origine
même des impôts dont il s'agit.

En effet, quand l'Assemblée constituante répartit l'impôt fon-
cier et mobilier entre les départemens, elle n'avait pas fait rechercher ce que chacun d'eux, eu égard à sa richesse propre,
pouvait et devait payer; elle s'était contentée de prendre pour base

l'état des contributions directes de chaque municipalité, telles qu'elles étaient payées sous l'ancienne monarchie. Lorsque, en l'an VII, on créa l'impôt des portes et fenêtres, le pays sortait d'une crise affreuse, l'administration essayait timidement des rouages nouveaux; elle n'osa pas appliquer directement, et par elle-même, les tarifs; on en chargea les autorités municipales qui, alors comme toujours, placées sous l'influence de l'intérêt local, éludèrent autant que possible l'application de la loi; c'est cependant d'après ces bases que fut faite, en l'an X, la répartition qui subsista depuis.

Les inégalités originaires n'étaient pas de nature à se corriger par elles-mêmes; loin de là, le temps n'avait fait qu'y ajouter, par le développement irrégulier de la richesse mobilière et de la population sur les divers points du royaume.

En 1821 et 1822, des recensemens généraux furent entrepris, terminés et révisés par les agens des contributions directes, pour rechercher dans chaque localité l'importance des valeurs locatives et le nombre d'ouvertures imposables. Soixante-quinze conseils généraux adoptèrent pour base de la répartition de la taxe mobilière les documens qui furent ainsi recueillis; quant aux documens relatifs à la contribution des portes et fenêtres, neuf conseils-généraux négligèrent seuls de s'en servir.

Les documens relatifs à l'impôt mobilier furent employés par la législature, pour le dégrèvement accordé par la loi du 6 juillet 1826, sur les centimes additionnels de cet impôt.

Le recensement des portes et fenêtres fait en vertu de la loi du 26 mars 1831, qui avait ramené cet impôt à sa nature primitive d'impôt de quotité, servit au répartement des contingens généraux établi par la loi du 21 avril 1832 ; mais, par cette même loi, le gouvernement fut chargé de présenter aux Chambres, dans la session de 1834, un nouveau projet de répartition de la contribution personnelle et mobilière et de l'impôt des portes et fenêtres. Après deux prorogations successives, c'est dans la session de 1842 que cette présentation doit avoir lieu.

A la suite de la loi du 21 avril, une ordonnance royale du 18 décembre 1832, dans le but d'obtenir des documens contradictoires, organisa des commissions de recensement choisies en partie parmi les autorités municipales; mais le concours de ces autorités entraîna des lenteurs telles que le travail, commencé en 1833, ne fut terminé qu'en 1836 et fort imparfaitement. L'intérêt local y avait dominé comme dans les révisions antérieures. Le ministre des finances crut, dès lors, devoir prescrire aux contrôleurs des contributions directes de procéder à un nouveau recensement, qui pût servir de contrepoids à celui de 1836.

Par cette mesure, le ministre a-t-il transféré à l'administration des contributions directes des attributions que la loi conférait à l'autorité municipale? C'est la question qui divise la presse politique.

En ce qui touche la *contribution personnelle et mobilière*, faut-il, comme nous l'avons lu dans *le National* et *la Quotidienne*, remonter à la loi des 13 janvier-18 février 1791, qui a créé l'impôt mobilier? Non. Cette marche serait irrationnelle ; car il s'agit de savoir quel rôle est assigné à l'administration des contributions directes dans les recensemens ; or, en 1791, cette administration n'existait pas encore.

C'est la loi du 22 brumaire an VI qui a créé l'Agence générale des contributions directes, à laquelle a succédé, le 3 frimaire an VIII, l'administration actuelle des contributions directes. L'Assemblée constituante avait cru que les administrations des municipalités, des districts et des départemens feraient face à toutes les mesures qui se rattachent à l'impôt ; mais, quoiqu'on fût alors aux jours de l'enthousiasme d'une ère nouvelle, personne n'ignore combien les impôts furent peu productifs et mal payés dans toute la période révolutionnaire, en sorte qu'il fallut vivre de confiscations, et, plus tard, suivant l'expression tristement célèbre de Barrère, battre monnaie sur la place de la révolution !

Devrons nous, pour l'impôt *des portes et fenêtres*, nous arrêter à la loi du 4 frimaire an VII, faite en présence de l'Agence des contributions directes? Non. Cette loi est complètement étrangère à la question actuelle, bien que, aux termes de l'article 6, les municipalités aient été chargées, dans les dix jours de la réception de la loi, de faire, ou faire faire par des commissaires, l'état des portes et fenêtres sujettes à l'impôt, et que l'agence des contributions directes, aux termes de l'article 11, n'ait à remplir qu'un rôle secondaire. En effet, n'y a-t-il pas une différence essentielle entre les commissions de répartiteurs, organisées par le titre 2 de la loi du 3 frimaire an VII, pour lesquelles on revendique aujourd'hui le droit de procéder aux recensemens actuels, et les administrations municipales de canton , ou les commissaires nommés librement par elles, que la loi du 4 frimaire an VII charge de dresser l'état des portes et fenêtres de chaque municipalité? Les municipalités d'alors, qni avaient succédé aux administrations de district, et que remplacent aujourd'hui les sous-préfets, ne peuvent être confondues avec les commissions de répartiteurs. Aux termes de l'article 9 de la loi du 3 frimaire an VII, en ore en vigueur, ces commissions sont composées de sept membres : le maire, un adjoint et cinq propriétaires dont deux étrangers à la commune. Ne sont-ce pas là des autorités distinctes et différentes ?

Au fond, que peut-on conclure contre les agens des contributions directes chargés de recueillir les renseignemens d'après lesquels doit se faire ultérieurement la répartition de l'impôt, de ce que, en l'an VII, alors que la contribution des portes et fenêtres était un impôt de quotité, la loi en avait confié l'assiette aux municipalités ? Le recensement de la matière imposable n'a ni le même caractère ni les mêmes effets, suivant qu'il s'agit d'un impôt de quotité ou d'un impôt de répartition.

Pour les impôts de quotité, le recensement se confond avec

l'assiette même de l'impôt, parce que rechercher la matière imposable c'est la placer immédiatement sous le coup de tarifs prêts à la frapper; tandis que, pour les impôts de répartition, les recensemens généraux, qui se font sous les ordres du ministre des finances, ne servent qu'à recueillir les documens d'après lesquels la répartition des contingens sera faite, par les Chambres, entre les départemens; par les conseils généraux entre les arrondissemens, et par les conseils d'arrondissement entre les communes. Et c'est à la suite de ces diverses répartitions que viendra l'œuvre des répartiteurs communaux, qui fixeront les cotes individuelles de chaque contribuable.

D'après cela, il n'y a donc rien de commun entre le recensement des ouvertures imposables, que fait aujourd'hui l'administration des contributions directes, et l'état des portes et fenêtres, que devait dresser en l'an VII chaque municipalité; car l'état d'alors c'était l'assiette même de l'impôt pour chaque contribuable, et le recensement d'aujourd'hui n'a pour but que d'éclairer la répartition dans ses quatre degrés.

Si les lois des 13 janvier-18 février 1791 et 4 frimaire an VII sont étrangères à la question actuelle, quelles sont donc les lois qui la régissent ? Ce sont celles des 22 brumaire an VI, 15 septembre 1807, 21 avril 1832 et 14 juillet 1838.

La solution de la question y est écrite en termes clairs et précis, à moins qu'on ne persiste à confondre deux choses que nous avons montré être essentiellement distinctes : le recensement et la répartition.

Pour se convaincre qu'il en est ainsi, il suffit, en parcourant les lois diverses qui régissent la matière, de placer les textes sous les deux rubriques de répartition et recensement.

1° *Loi du 22 brumaire an VI. — Répartition.*

« Art. 1er. Les administrations départementales et municipales feront la répartition des contributions foncière et personnelle entre les cantons et les communes de leur ressort, etc.

» Art. 2. Les répartiteurs des communes procèderont ensuite à la répartition entre les contribuables, soit par la confection ou la rectification des matrices des rôles, soit par la formation des états des mutations arrivées dans l'année.

» Art. 3. Pour tous les travaux préparatoires relatifs aux mêmes contributions, et qui seront développés dans l'instruction dont il sera parlé ci-après, il sera établi, sous l'autorité du ministre des finances, une agence des contributions directes composée, etc.

» Art. 4. Les commissaires près les administrations municipales seront chargés d'aider les communes dans la formation ou rectification des matrices des rôles et états des changemens et de tous les travaux de préparation ou d'expédition relatifs à l'assiette, à la perception et au contentieux des contributions directes. »

Ainsi les art. 1, 2, 3 et 4 de la loi du 22 brumaire an VI, cités par tous les journaux qui combattent les recensemens actuels, sont relat fs à la répartition communale; les répartiteurs la font, les agens des contributions directes y assistent.

C'est à cette opération que se réfère aussi l'article 5 de la loi du 3 frimaire an VIII, où on lit :

« La direction des contributions directes sera chargée uniquement de la rédaction des matrices de rôle, d'après le travail préliminaire et nécessaire des répartiteurs, de l'expédition des rôles, etc... »

Recensemens.

Il existe dans la même loi un texte formel, précis, qui régit les recens mens généraux, et c'est précisément celui qu'on a négligé.

Ap ès avoir énuméré les obligations diverses des agens des contributions directes, dans la répartition à laquelle ils assistent, dans le contentieux des contribut'ons où ils sont chargés de diverses vérifications, dans la confection matérielle des rôles dont i's sont exclu ivement chargés, 'a loi ajoute :

« Art. 12. Les divers employés de l'agence sont de plus chargés, sous la surveillance du ministre des finances, de rassembler tous les renseignemens et matériaux propres à perfectionner l'assiette et la répartition des contributions directes. »

2° *Instruction sur la loi du 22 brumaire an VI. — Répartition.*

L'instruction annexée à la loi du 22 brumaire an VI confirme et développe cette double mission. En effet, on y lit :

§ 1er. Fonctions des commissaires près les administrations municipales (1).

« La matrice de rôle est la base de toute répartition individuelle; cette importante opération qui, fixant les évaluations des revenus des citoyens, fixe par suite leur cotisation, est faite par les répartiteurs choisis par les contribuables mêmes; mais la rédaction matérielle de cette matrice, les calculs, états et tableaux qu'elle exige seront rédigés par le commissaire près l'administration municipale.

» A cet effet, il se transportera successivement dans chacune des communes de son ressort : il se rendra auprès de l'agent municipal, et si les répartiteurs ne sont pas nommés, il requerra que cette nomination soit faite sur-le-champ.

» Les répartiteurs nommés, il examinera avec eux si l'ancienne matrice du rôle de la contribution foncière peut servir, et si l'on peut se borner à faire un état des mutations arrivées parmi les propriétaires, ou bien s'il faut refaire une nouvelle matrice.

» Il rédigera sur-le-champ cette matrice ou cet état de mutations dans

(1) Les commissaires dont il est ici question ne sont pas les commissaires du Directoire exécutif près les administrations locales, que les sous-préfets ont remplacés; c'étaient les commissaires spéciaux de l'agence des contributions directes, auxquels les contrôleurs actuels ont été substitués.

la forme prescrite par les lois ; mais, dans tout ce qui concerne les indications de biens ou les évaluations de revenus, il n'aura point voix délibérative et ne fera que transcrire les indications et évaluations arrêtées par les seuls répartiteurs à la majorité des voix

» Après s'être occupé de la contribution foncière, le commissaire près l'administration municipale rédigera de même la matrice du rôle ou état des mutations de la contribution personnelle avec les répartiteurs choisis pour cette contribution. »

Voilà pour la répartition.

Recensemens.

L'instruction contient un dernier paragraphe spécial aux fonctions des commissaires de l'agence près les *administrations centrales de département*, à la différence des fonctions ci-dessus près des *administrations municipales*. Après avoir chargé les commissaires de département (aujourd'hui les directeurs) de faire rendre exécutoir s les rôles, les contraintes, les états de frais, de surveiller la perception et le contentieux des contributions, l'instruction ajoute :

« Les commissaires de département tiendront sans cesse le ministre des finances au courant de toutes leurs opérations, et lui en feront connaître tous les résultats.

» Ils rassembleront tous les états, renseignemens, recherches et matériaux recueillis par l'inspecteur ou qu'ils se procureront eux-mêmes, relatifs aux contribuables, revenus et facultés de leurs départemens et propres à *préparer* et *faciliter* la *répartition* des contributions foncière et personnelle, tant pour les départemens que pour les cantons. »

Rassembler les documens propres à *préparer* et *faciliter* la répartition, tant pour les *départemens* que pour les *cantons*, c'était bien évidemment faire des recensemens tels que ceux qu'on opère aujourd'hui. Aussi est-ce en négligeant cette partie de l'instruction et le texte formel de l'article 12, et en invoquant les dispositions spéciales à la répartition, que la presse a attaqué les mesures actuelles (1) :

(1) Voudrait-on écarter l'autorité de cette loi fondamentale en disant qu'elle a été rapportée par la loi du 3 frimaire an VIII, qui a créé la direction actuelle des contributions directes?

On lit dans cette loi :

« Art. 3. La direction des contributions sera chargée *uniquement* de la
» rédaction des matrices de rôles, d'après le travail préliminaire et né-
» cessaire des répartiteurs, de l'expédition des rôles et de la vérification
» des réclamations faites par les contribuables, lesquelles ne pourront
» être jugées que par les corps administratifs, conformément aux lois
» existantes sur cette matière. »

Mais le mot *uniquement* sur lequel on s'appuie ne nous semble avoir eu d'autres but que de rassurer les populations, en leur garantissant que la direction des contributions aurait seulement, aurait uniquement, les

3° *Loi du* 15 *septembre* 1807.

Cette loi reproduit dans ses articles 36 et 39 la distinction établie par la loi de brumaire an VI.

Répartition.

« Art. 36. Le contingent des propriétés bâties sera *réparti*, chaque année, d'après les recensemens (1), comme il est usité aujourd'hni. Les répartiteurs continueront, à cet égard, leurs fonctions, de même que pour la répartition de la contribution personnelle et mobilière.

» Art. 39. Les directeurs des contributions directes sont spéeialement chargés de la tenue des livres de mutations des propriétés cadastrées. »

Recensemens.

« Art. 39, § 2. Ils *continueront* de faire chaque année les recensemens et autres opérations relatives aux rôles des propriétés bâties, et à ceux de la contribution personnelle et mobilière des portes et fenêtres et des patentes. »

Ce qui démontre que l'opération dont parle ce dernier paragraphe est spéciale aux directeurs, c'est qu'elle embrasse *l'impôt des patentes*, de même que les autres impôts. Or, jamais, depuis l'arrêté consulaire du 15 fructidor an VIII, les répartiteurs ne sont intervenus dans le recensement des patentables. Il s'agit donc ici d'une attribution propre aux directeurs des contributions directes.

fonctions de l'agence dans l'expédition des rôles et le contentieux administratif, mais que la formation des rôles resterait l'œuvre préliminaire et nécessaire des répartiteurs, et que la décision du contentieux des contributions directes appartiendrait toujours aux corps administratifs, que la loi du 28 pluviose a remplacés en ce point par les conseils de préfecture.

Après cette assurance dounée aux contribuables, la loi du 3 frimaire n'a pas révoqué les attributions conférées à l'agence des contributions directes qu'elle remplaçait.

Les lois postérieures sont, au reste, très explicites sur ce point, puisque, en reproduisant les dispositions de l'article 12 de la loi du 22 brumaire an IV, elles ont déclaré qu'elles entendaient *continuer* le mandat dont la date remonte à cette première loi.

(1) La révision annuelle des matrices de rôles qui est faite dans chaque commune pour constater les mutations de cotes individuelles qui doivent être prononcées sont appelées par cet article *recensement*. Mais cette opération communale et de répartition n'a rien de commun avec les recensemens généraux qui servent à *préparer* et *faciliter* la répartition des contingens entre les communes, les arrondissemens et les départemens.

4° *Lois du 21 avril 1832 et du 14 juillet 1838.*

Poursuivons, et sans rappeler les recensemens opérés en 1821 et 1822 par les agens des contributions directes, arrivons à la loi du 21 avril 1832; nous y retrouverons la distinction entre le travail de la répartition communale et le recensement qui fournit les documens nécessaires à la répartition dans les degrés supérieurs. Comme cette loi s'occupe distinctement de la contribution personnelle et mobilière et de l'impôt des portes et fenêtres, la distinction se reproduit deux fois; il y a plus, en ce qui touche les recensemens, la loi distingue les travaux annuels qui doivent servir aux conseils de département et d'arrondissement des travaux qui doivent servir aux recensemens quinquennaux, devenus décennaux depuis la loi de 1838.

Contribution personnelle et mobilière. — Répartition.

« Art. 17. Les commissaires *répartiteurs assistés du contrôleur* des contributions directes *rédigeront la matrice du rôle* de la contribution personnelle et mobilière, ils porteront sur cette matrice tous les habitans jouissant de leurs droits et non réputés indigens, et *détermineront les loyers* qui devront servir de base à répartition individuelle. »

Recensemens.

Mais, avant cette répartition faite dans l'intérieur de la commune, opération dans laquelle les répartiteurs et les conseils municipaux sont maîtres, sauf recours par la voie contentieuse au conseil de préfecture, en première instance, et au Conseil-d'Etat en appel, il y a nécessairement des recensemens faits par l'administration des contributions directes; car comment, sans recherches, l'administration pourrait-elle accomplir l'obligation que lui impose l'article 11 de la même loi? Cet article est ainsi conçu :

Art. 11. Le directeur des contributions directes *formera* chaque année un *tableau présentant,* par arrondissement et par commune, *le nombre des individus passibles de la taxe personnelle et le montant de leurs valeurs locatives d'habitation.*

Impôt des portes et fenêtres. — Répartition.

« Art. 27. Les *commissaires répartiteurs, assistés du contrôleur* des contributions directes, *rédigeront la matrice* de la contribution des portes et fenêtres, d'après les bases fixées par les lois des 4 frimaire an VII et 4 germinal an XI, sauf les modifications ci-après. »

Recensemens.

« Art. 26. Le directeur des contributions directes *formera* chaque année un *tableau présentant,* 1° le nombre des ouvertures imposables des différentes classes; 2° le produit des taxes d'après le tarif; 3° *le projet de la répartition.*

» Ce tableau servira de *renseignement* au conseil général et aux conseils d'arrondissement pour fixer le contingent des arrondissemens et des communes. »

Puis, après avoir ainsi spécifié les travaux annuels qui servent à éclairer la répartition des contingens entre les communes et les arrondissemens, la loi s'occupe des travaux qui doivent être soumis périodiquement à la législature elle-même, et dispose ainsi :

« Art. 31. Il sera soumis aux Chambres dans la session de 1834, et ensuite de cinq ans en cinq ans, un nouveau projet de répartition entre les départemens, tant de la contribution personnelle et mobilière que de la contribution des portes et fenêtres.

» A cet effet, les agens des contributions directes compléteront et tiendront au courant les renseignemens destinés à faire connaître le nombre des individus passibles de la contribution personnelle et mobilière, le montant des loyers d'habitation et le nombre des portes et fenêtres. »

Telles sont les dispositions de la loi du 21 avril 1832.

Les travaux de recensement appartiennent exclusivement à l'administration des contributions directes, et sont régis par les articles 11 et 16.

Ce qui concerne la répartition individuelle est réglé par les articles 17, 18 et 27; c'est l'œuvre des répartiteurs. *Le National* a donc commis une grave erreur, en invoquant dans la question actuelle les articles 17, 18 et 27, et en passant sous silence les articles 11 et 26, car ce sont ces derniers que la loi du 14 juillet 1838 a confirmés. En effet, cette loi dispose :

« Art. 2. L'article 31 de la loi du 21 avril 1832 est abrogé. Il sera soumis aux Chambres dans leur session de 1842, et ensuite *de dix en dix années,* un nouveau projet de répartition entre les départemens, tant de la contribution personnelle et mobilière que de la contribution des portes et fenêtres.

» A cet effet, les agens des contributions directes continueront de tenir au courant les renseignemens destinés à faire connaître le nombre des individus passibles de la contribution personnelle et mobilière, le montant des loyers d'habitation et le nombre des portes et fenêtres imposables. »

La *Quotidienne* n'a pas moins gravement erré, lorsque, dans son numéro du 29 juillet, en argumentant sur cet article, elle a dit :

« Il est bon de remarquer que ce mot *continueront,* si plein aujourd'hui d'innovations, est emprunté à la loi budgétaire du 15 septembre 1807, sans que, depuis 32 ans, on se soit avisé d'une pareille interprétation. »

Nous citerons à cet égard une autorité que *la Quotidienne* ne contestera pas sans doute. Voici ce qu'on lit dans l'instruction publiée le 1er mai 1822 par M. de Villèle :

« Il sera, de concert avec les maires, procédé par les agens des contributions directes au recensement général des portes et fenêtres de toutes les communes du royaume. Ce recensement aura lieu par commune. Les percepteurs devront assister les contrôleurs et les aider dans ce travail. Les contrôleurs indiqueront à MM. les préfets les moyens d'assurer la bonne et prompte exécution du recensement. »

Dans sa lettre, n° 13, adressée sous la même date au directeur-général de l'administration des contributions directes, le ministre s'exprime ainsi :

« Parmi les objets divers dont doivent s'occuper les inspecteurs dans leur tournée se trouve compris le recensement général des portes et fenêtres; vous voudrez bien, au reçu de cette lettre, donner aux contrôleurs l'ordre de se livrer sans retard à cette opération importante, qu'ils suivront dans les communes avec les travaux dont ils sont chargés. »

Enfin, dans sa lettre n° 11, toujours du 1er mai 1822, le ministre dit aux préfets :

« La contribution des portes et fenêtres ne peut se rectifier que par
» un recensement général des ouvertures passibles du droit. Les ins-
» pecteurs-généraux devront, de concert avec le directeur, surveiller
» cette importante opération; mais tous leurs efforts pourraient échouer
» contre les difficultés de détail et les résistances locales, si vous ne pres-
» criviez à MM. les maires, ainsi qu'aux percepteurs, d'aider de tous
» leurs moyens les contrôleurs des contributions directes. »

L'article 2 de l'ordonnance du 16 juillet 1826, qui prescrit de transmettre aux conseils généraux les documens recueillis sur l'impôt personnel et mobilier, prouve encore que c'est l'administration des contributions directes qui fit ou qui acheva tout au moins le travail relatif à cet impôt. Cet article est ainsi conçu :

« Art. 2. *Les documens recueillis par l'administration* pour la répartition de la contribution personnelle et mobilière, d'après les bases prescrites par la loi du 23 juillet 1820, seront, dans leur prochaine session, soumis aux conseils généraux et aux conseils d'arrondissement, et *serviront de renseignemens* à ces conseils pour fixer les contingens des arrondissemens et des communes.
» Art. 3. De semblables documens sur la contribution des portes et fenêtres leur seront communiqués, *ainsi que les projets de répartition nouvelle.* »

On procède donc aujourd'hui comme on procéda en 1822 ; aujourd'hui comme alors, l'administration des contributions directes continue d'accomplir la mission que lui a donnée la loi constitutive de l'an VI, qu'a renouvelée la loi du 15 septembre 1807 et dont tout récemment encore, les lois de 1832 et de 1838 ont réitéré et renouvelé le mandat.

La marche actuelle est donc égale et ne contient aucune innovation.

Si, pour résoudre la question, nous voulons passer d'un examen purement légal et pratique à un examen tout rationnel et de logique, nous arriverons encore à la même solution. En effet, s'il est une règle de droit et d'équité universellement appliquée et reconnue, c'est celle qui pose en principe cet axiôme : *que nul ne peut être juge dans sa propre cause.* D'après cela, peut-on s'en remettre aux répartiteurs communaux ou au conseil municipal lui-même pour obtenir les renseignemens d'après lesquels on devra présenter aux Chambres un nouveau projet de répartition de la contribution personnelle et mobilière et de l'impôt des portes et fenêtres? Evidemment non; sans cela on ne sortira pas des erremens antérieurs; chaque localité dissimulera des ressources comme par le passé; on ne pourra pas remédier à l'inégalité qui existe entre les diverses départemens, et par suite entre les arrondissemens, les communes et les contribuables de départemens différens.

Demander aux répartiteurs ou au conseil municipal d'une commune de faire connaître exactement le nombre des individus passibles de la contribution personnelle, le montant des loyers d'habitation et le nombre des portes et fenêtres imposables, c'est les exposer à faire découvrir les inégalités existant à leur profit. Or, quel sera la commission de répartiteurs, quel sera le conseil municipal assez indépendant des influences locales, pour avouer qu'ils paient moins qu'ils ne devraient payer et qu'ils grèvent les autres localités?

Si l'on avait recours aux commissions de répartiteurs et qu'on les laissât maîtresses de fixer les bases d'après lesquelles devra être fixé le contingent communal, la plupart du temps on demanderait un dégrèvement; rarement on se tiendrait pour satisfait de l'état actuel, si peu imposé qu'on soit, et jamais on ne demanderait une surélévation.

Ainsi le veut l'inévitable loi de l'intérêt personnel. La logique et la raison sont donc d'accord avec les lois déjà promulguées pour dire qu'il ne faut pas abandonner aux autorités locales les recensemens destinés à recueillir des renseignemens propres à égaliser l'impôt. Cette opération doit être confiée à l'autorité centrale, qui n'ayant qu'un intérêt de justice et d'égalité pour tous, est dégagée de l'esprit de localité et peut fournir des documens impartiaux. La loi ne serait donc pas faite qu'il faudrait la faire telle qu'elle est.

Après l'objection capitale que nous avons discutée, on fait une autre objection subsidiaire; on demande pourquoi le ministre des finances s'est écarté des formes qu'il avait lui même tracées, et qu'il avait soumises à l'approbation royale le 18 décembre 1832? Dans son numéro du 24 juillet, la *Gazette de France* a développé cette objection, qui, d'après elle, aurait été sinon accueillie au moins discutée par le conseil municipal de la ville d'Autun. Depuis, d'autres journaux l'ont aussi produite.

Si cette objection était fondée, il y aurait excès de pouvoirs dans la circulaire ministérielle du 25 février dernier; car une circulaire

ministérielle ne peut abroger une ordonnance royale ni y contre-
venir.

Mais, après examen, nous nous sommes assurés que l'ordonnance de 1832 avait reçu son exécution complète, et qu'elle avait
pour but de régler une opération qui a été terminée en 1836, opération dont la mesure actuelle n'est que la contre-épreuve.

Au fond, examinons l'effet des mesures actuelles.

A l'exception des maisons nouvelles, construites depuis 1835, et
qui viennent directement accroître le contingent des localités ou
elles sont situées, les impôts des portes et fenêtres et de la contribution personnelle et mobilière sont de répartition ; les contingens en sont fixés par la loi du 25 juin 1841, pour l'exercice
1842 ; si donc il y a plus de personnes, plus d habitations, plus
de portes et fenêtres imposables, chacun paiera moins. On ne peut
donc se plaindre sous ce rapport, et probablement on ne se plain-
drait pas si l'on ne craignait pour l'avenir.

On craint que, le Trésor étant en déficit, le gouvernement ne
profite du recensement de nouvelles matières imposables pour
faire augmenter les contingens généraux, sous prétexte que cet
accroissement pourrait avoir lieu sans augmenter les cotes individuelles de ceux qui paient ce qu'ils doivent payer légalement.
Mais il ne suffirait pas que le ministre des finances eût cette
pensée; il faudrait encore qu'il fit admettre son système par
les Chambres. C'est donc à la législature et surtout à la Chambre
des députés, à qui l'initiative de toutes les lois d'impôt est réser-
vée par la Charte, qu'on devrait adresser les réclamations qu'on
croirait pouvoir faire contre l'extension de l'impôt direct.

Du reste, il semble que nous pouvons rassurer les contribuables sur les craintes exagérées qu'ils peuvent avoir, en plaçant
sous leurs yeux quelques documens statistiques qui ne manquent
pas d'intérêt (1).

Le recensement opéré en 1822 fit constater l'existence de
33,949,468 ouvertures passibles de l'impôt, tandis qu'il ne figu-
rait aux matrices que 21,358,240 portes et fenêtres; malgré cette
découverte, les rôles ne présentaient encore, en 1830, que
26,892,316 ouvertures soumises à l'impôt. Le recensement opéré
en exécution de la loi du 26 mars 1831 avait constaté 38 millions
d'ouvertures, dont plus de 36 millions étaient imposables : cependant, si nous sommes bien informés, aujourd'hui les rôles ne
comprendraient qu'une quantité bien moindre.

Enfin on se récrie contre le caractère arbitraire des opérations
actuelles, qui n'ont rien de contradictoire. A cela nous répondons
que les maires ne sont pas condamnés au rôle passif qu'on semble leur attribuer : et, pour le prouver, il suffit de rappeler aux
maires qui *assistent* les contrôleurs des contributions directes, la

(1) Voyez le Traité de la fortune publique en France, par MM. Macarel et Boulatignier, t. III, pages 577 et 378.

circu!aire que M. le conseiller d'Etat directeur de l'administration des contributions indirectes adressait à ceux de s s agens qui *assistent* les maires dans le recensement de la population.

Or, il leur est prescrit de « requérir, lorsqu'il y aura lieu, l'in-
» sertion au procès-verbal, tant des faits sur lesquels il se serait
» élevé des doutes ou des contestations, que des observations
» qu'ils auraient cru devoir présenter. » Que l'autorité munici ·
pale suive la même marche, et ces observations faites avec sagesse et raison seront de nature à modifier les évaluations des agens du Trésor; si elles ne triomphaient pas auprès de l'administration supérieure, au moins serviraient-ell s à éclairer les Chambres dont les commissions ne se prononceront certainement qu'en connaissance de cause.

L'intérêt bien entendu des contribuables exige donc que l'autorité municipale ne déserte pas son po te et qu'elle ne laisse pas les agens du Trésor agir à leur guise et sans contrôle.

Pour réprimer le zèle inconsidéré qui se manifesterait, l s maires n'auront qu'à ramener les contrôleurs et les agens qui les sup · pléent aux termes précis et formels de la circulaire elle-même de M. le directeur des contributions directes. On y lit, en effet :

« La *valeur locative* sera établie, au *moyen de baux authentiques*, si les maisons et bâtimens sont loués et affermés, et dans le cas contraire, par *comparaison* avec les maisons ou bâtimens dont le loyer aura été *régulièrement constaté* ou sera *notoirement connu*. Ainsi, partout où les locations sont nombreuses et où il y a *un cours de loyer permanent, les contrôleurs s'en rapporteront à la notoriété*, aux baux, aux quittances de loyers, aux déclarations écrites ou verbales dont ils n'auront pas lieu de suspecter la véracité. Partout ailleurs, les contrôleurs, indépendamment des renseignemens de cette nature qu'ils pourront se procurer, consulteront soit les évaluations cadastrales, soit les évaluations mobilières rehaussées dans la proportion indiquée par les travaux antérieurs. »

Que les agens des contributions directes suivent ces bases, qui sont pleines de sagesse et de raison, et que s'ils veulent s'en écarter les maires sachent les leur rappeler.

C'est en torturant le sens des circulaires émanées de l'autorité centrale, et surtout en ne donnant que des extraits faits sous l'in ·
fluence des passions politiques, c'est en équivoquant sur le sens des mots *estimation des valeurs locatives*, qu'on vient à présenter les recensemens actuels comme des mesures inquisitoriales qui tendent à faire *l'inventaire des ménages*, ainsi que parle la *Gazette de France* dans son numéro du 24 juillet. Cependant, à peine d'être pris en flagrant délit d'ignorance ou de mauvaise foi, nul ne peut méconnaître qu'en prenant le prix des loyers pour base de l'impôt mobilier, on ne fait qu'exécuter une loi de la Restauration, la loi de finances du 23 juillet 1820, loi salutaire qui a eu pour but de proscrire définitivement le système des *facultés présumées*. Dans ce système, l'arbitraire ne pouvait disparaître que pour être remplacé par des mesures inquisitoriales; car il fallait appré-

cier et rechercher la fortune mobilière de chacun, ce qui était réellement un *inventaire des ménages*. Voilà ce que la loi actuelle répudie ; entend-on le regretter ?

Un magistrat honoré , mais dont les préoccupations politiques nous semblent en cette matière obscurcir les notions légales, M. Auguste Portalis, conseiller à la Cour royale de Paris, prétend que les agens des contributions directes ne peuvent faire le parcours des maisons qui leur est prescrit par les circulaires sans faire des *visites domiciliaires* ; il soutient que les agens des contributions ne doivent franchir le seuil de la porte de chaque citoyen, qu'après y avoir été appelés pour une *vérification* sur une réclamation contentieuse. Suivant ce magistrat, *réclamer* à priori *l'ouverture des maisons, c'est proclamer la profanation du domicile privé.* (Voir *le National* du 9 août.)

En droit, nous répondrons que, aux termes de l'article 8 de la loi des 19-22 juillet 1791, les officiers municipaux et commissaires ou officiers de police municipale peuvent *entrer dans les maisons des citoyens pour l'exécution des lois sur les contributions directes.*

Or, toute la question est de savoir si, pour exécuter la loi qui prescrit le recensement des portes et fenêtres et des valeurs locatives, il ne faut pas entrer dans la cour d'une maison, pour en compter les fenêtres, et parcourir le nombre des pièces d'un appartement, pour en connaître la valeur locative.

En fait, nous ajouterons que quand, ainsi que nous l'avons dit, la présentation d'un bail ou de quittances de loyers dispensent même du parcours des diverses pièces d'un appartement, il est incompréhensible qu'on puisse prétendre que ce sont là *des visites domiciliaires.*

Eh ! quoi ? si, pour la répartition des contingens de l'impôt mobilier entre les départemens, l'Assemblée constituante avait voulu faire rechercher quelles étaient les valeurs locatives de chaque localité, le parcours des maisons fait par les officiers municipaux eût été taxé de *visite domiciliaire?* Non, ç'eût été un *recensement*, et ce mode eût fourni une base meilleure et plus équitable que l'état des contributions antérieures telles qu'elles étaient payées par chaque localité.

Ce que l'Assemblée constituante, dans son immense travail de destruction et de réorganisation sociale, a été forcée de négliger, dans des temps plus propices, les lois de 1832 et 1838 l'ont ordonné. L'administration des contributions directes obéit à la loi, en procédant aux recensemens ; et le *droit* que la loi des 19-22 juillet 1791 donne aux maires « d'entrer dans les maisons des » citoyens pour l'exécution des lois sur les contributions directes, » devient pour eux un *devoir*, dès que l'autorité supérieure hiérarchique le leur prescrit en exécution des lois.

Laissons donc de côté des exagérations et des erreurs, qui n'ont déjà produit que de trop tristes fruits, et disons qu'en résumé les mesures qui ont soulevé tant d'irritation, à part ce qu'elles auraient pu avoir d'acerbe dans la forme, tendent, en réalité et au fond, à ramener l'égalité de l'impôt entre les départemens, les arrondissemens, les communes, et, par suite, entre les contribuables. Et pour dire toute notre pensée, si l'on attaque ces mesures, c'est bien moins dans l'intérêt du pauvre, dont on met le nom en avant, que dans l'intérêt de quelques bourgeois égoïstes, qui, par leur influence municipale, sont parvenus à faire supporter par d'autres une part de l'impôt qui leur incombe à eux-mêmes.

A. GUYOT, IMPRIMEUR DU ROI,
37, rue Ne-des-Petits-Champs.